100 RAISONS
DE NE PAS VOTER

THIERRY CROUZET

100 RAISONS DE NE PAS VOTER

AVERTISSEMENT

J'ai écrit la première version de ce manifeste en avril 2012 peu avant une élection présidentielle en France, et sans faire référence à son contexte particulier. Certains de mes arguments qui valent pour une élection nationale ou régionale perdent de leur poids à l'échelle locale, notamment dans de petites communes. Dans mon village, je vote pour les municipales, parce que je connais les candidats et parce qu'ils ont à gérer des problèmes relativement simples. Mais si je vivais à Paris ou dans une grande ville, je m'abstiendrais également à cette échelle, même si j'étais l'ami des candidats (et surtout si j'étais leur ami).

De la démocratie

1

Le 11 novembre 1947, devant la Chambre des Communes, Winston Churchill déclare : « Democracy is the worst form of government–except for all those other forms, that have been tried from time to time. » (La démocratie est le pire des régimes - à l'exception de tous les autres déjà essayés dans le passé.) Depuis, on entend souvent répéter que la démocratie est le moins mauvais des systèmes possibles. Churchill ne dit pourtant pas du tout la même chose. Pour lui, la démocratie est le moins mauvais des systèmes essayés. Nous pouvons inventer mieux. D'ailleurs il poursuit : « Il existe le sentiment, largement partagé dans notre pays, que le peuple doit être souverain, souverain de façon continue, et que l'opinion publique, exprimée par tous les moyens constitutionnels, devrait façonner, guider et contrôler les actions de ministres qui en sont les serviteurs et non les maîtres. »

2

Dans *La démocratie aux marges*, David Graeber propose une belle définition : « [...] la démocratie relève avant tout de la prise en charge de leurs propres affaires par des communautés humaines dans le cadre d'un processus ouvert et relativement égalitaire de discussions publiques [...] »

3

Le 7 septembre 1789, Emmanuel-Joseph Sieyès déclare : « La France ne doit pas être une démocratie, mais un régime représentatif. Le choix, entre ces deux méthodes de faire la loi, n'est pas douteux parmi nous. D'abord, la très grande pluralité de nos concitoyens n'a ni assez d'instruction ni assez de loisirs, pour vouloir s'occuper directement des lois qui doivent gouverner la France ; ils doivent donc se borner à se nommer des représentants. [...] Les citoyens qui se nomment des représentants renoncent et doivent renoncer à faire eux-mêmes la loi ; ils n'ont pas de volonté particulière à imposer. S'ils dictaient des volontés, la France ne serait plus cet État représentatif ; ce serait un État démocratique. Le peuple, je le répète, dans un pays qui n'est pas une démocratie (et la France ne saurait l'être), le peuple ne peut parler, ne peut agir que par ses représentants. » Rien n'a changé, et cela dans toutes nos démocraties, de fait des régimes représentatifs.

4

Le vote n'est pas consubstantiel de la démocratie, seulement des régimes représentatifs ou des démocraties directes. Les Grecs ont utilisé à la place le tirage au sort. On peut imaginer des modèles coopératifs, où le peuple aurait bel et bien le pouvoir, sans aucune nécessité pour lui de voter.

5

Les règles du jeu représentatif ont été promulguées non démocratiquement par des hommes qui n'avaient que mépris pour le peuple. Ainsi Michel Debré, rédacteur de la constitution française, écrit en 1957 : « La cité, la Nation où chaque jour un grand nombre de citoyens discuteraient de politique seraient proches de la ruine. » Debré ne fait que reformuler les vues de Sieyès. Résumé de son propos : votons de temps en temps puis taisons-nous.

6

Quand les règles d'un jeu de société ne nous intéressent pas, nous changeons de jeu ou nous transformons les règles. Voter, c'est plébisciter le jeu en vigueur. Après, il ne faut pas se plaindre que les élus trichent (la règle intègre la tricherie).

7

Le régime représentatif est un système politique. Quand un système vieillit, il se sclérose, puis meurt. La démocratie ne peut survivre qu'en se transformant sans cesse. Elle doit pousser comme un arbre, toujours plus haut, toujours plus belle. Elle n'a pas changé depuis trop longtemps. Depuis le droit de vote accordé aux femmes. Cet état de stase aurait dû nous alerter.

8

L'histoire de la démocratie ne s'est pas arrêtée en 1789. Au nom de l'idéal de plus de liberté et d'équité, nous pouvons combattre un modèle démocratique devenu exsangue dans le but de le revigorer.

9

En 1968, on criait dans les rues «Élections piège à cons.» Serions-nous moins lucides?

La dictature de la majorité

10

« La démocratie s'assure seulement de faire en sorte que la loi de la majorité soit respectée. » Friedrich Hayek

11

Vous êtes malade. Dix personnes vous entourent, dont un médecin. Vous fiez-vous à son avis ou à celui de la majorité ? En favorisant la majorité, le système électif fait taire les compétences autant que les expressions déviantes, originales, constructives…

12

Dans votre famille, votez-vous ou recherchez-vous le consensus ? Voter, c'est refuser la synchronicité et l'harmonie. C'est admettre la nécessité des gagnants et des perdants. C'est imposer ses idées à ceux qui ne les partagent pas, c'est les imposer par la force du plus grand nombre.

13

La démocratie directe, où chaque décision est soumise à référendum, ne règle pas le problème de la dictature de la majorité, elle le multiplie.

14

Voter, c'est donner la victoire à un camp et créer le camp adverse des déçus. Une élection a pour effet de briser l'espoir d'une grande partie de la population, et notamment des minorités.

15

Devrait être élu celui qui récolte le moins de suffrages. Il se sentirait moins puissant et ferait preuve de plus d'humilité. Voter, c'est encourager l'arrogance.

16

L'écrivain qui a le plus de lecteurs n'est pas nécessairement le plus spirituel, le plus littéraire, le plus novateur, le plus sage... Les données quantitatives ne présument pas des qualités. Avoir plus de voix, c'est comme avoir plus de lecteurs. Ça ne prouve pas grand-chose, sinon théoriquement l'existence d'une armée plus puissante en nombre (et c'est la seule raison de la prise en compte de la majorité).

17

La proportionnelle intégrale permettrait de s'affranchir de l'absence de pluralité, mais les partis dominants la rejettent sous prétexte que pour gouverner il leur faut la majorité absolue (et surtout un maximum de sièges, donc de salaires). Ce postulat de la majorité absolue les arrange d'autant plus que nos élus gouvernent souvent en force.

18

Hitler est arrivé au pouvoir après une élection. Le vote ne nous protège pas de l'ignominie, d'autant plus que pour se faire élire les candidats se prêtent souvent à toutes les ignominies. Quand la majorité est odieuse, elle amène des monstres au pouvoir (même voter contre devient inutile, le vote peut-être dangereux pour la démocratie).

19

Quand on va dans le sens de la majorité, on accepte l'idée qu'il existe une seule route vers l'avenir, et que quelques personnes connaissent cette route, comme se elles l'avaient déjà parcourue.

20

Voter pour établir une majorité, c'est choisir entre deux possibilités, voire entre une dizaine, c'est comme si le monde était blanc ou noir. Voter, c'est nier la complexité et les nuances.

Le droit de s'abstenir

21

L'argument civique selon lequel les abstentionnistes se désintéresseraient de la politique, donc de la vie de la cité, est fallacieux, perpétré par les ayants droit du régime représentatif.

22

L'argument moral : « Ils sont tombés pour nous donner le droit de vote, tu leur dois le respect en allant voter. » est lui aussi fallacieux. Des hommes se sont sacrifiés en septembre 2001 pour faire sauter le World Trade Center à New York. Mourir pour une cause ne suffit pas à la rendre respectable (ou inversement). Que des gens soient morts pour instaurer en un temps la démocratie ne nous sert pas à décider si nous devons ou non voter aujourd'hui (d'autant que personne n'est mort pour instaurer un régime représentatif, mais bien pour la démocratie, ou plutôt contre la monarchie).

23

Si une élection amène un monstre au pouvoir, c'est du fait même des votants. On ne peut accuser les abstentionnistes de l'avoir soutenu, ni lui ni ses adversaires potentiellement aussi dangereux.

24

On comptabilise les votes blancs dans la participation globale (celle généralement communiquée par les médias comme par les partis, qui la lui préfèrent à la participation au regard des seuls suffrages exprimés). Plus la participation est grande, plus l'élection est légitime. Donc, quand on vote blanc, on légitime l'élection qu'on désapprouve (et qu'on le veuille ou non, on accepte l'idée d'une votation). La seule forme de protestation possible reste l'abstention.

25

Voter blanc n'est pas une solution parce que le jeu dans sa forme actuelle ne prend pas en compte cette expression contestataire. On pourrait imaginer une élection où le vainqueur devrait atteindre la majorité absolue, votes blancs compris. Pratiquement aucun des derniers présidents ou députés ou maires n'aurait été élu à ce compte, ce qui, en soi, devrait nous alerter sur quelques aberrations, comme la non-légitimité de nos représentants.

26

Voter blanc revient à accepter la nécessité d'un vote tout en refusant celle d'un représentant. Voter blanc, c'est militer pour la démocratie directe. Celui qui veut passer au-delà du vote, au-delà de la dictature de la majorité, refuse même le vote blanc.

27

Le théorème d'impossibilité d'Arrow nous apprend qu'il n'existe pas de scrutin qui ne comporte pas de biais. La comptabilisation du vote blanc déplacerait ailleurs le problème.

28

On dit des abstentionnistes qu'ils ne font pas de politique parce que, dans l'imaginaire collectif, faire de la politique est synonyme de militer, se présenter, se faire élire. Ne pas voter, c'est dénoncer cette confusion.

29

Pourquoi voter pour eux alors que le pouvoir c'est nous ? Voter, c'est aliéner la souveraineté du peuple au profit de professionnels de l'élection.

30

Voter ne nous aide en rien à changer la structure profonde des gouvernements, c'est-à-dire les équipes de fonctionnaires qui ont réellement le pouvoir. Un élu ne sait pas gouverner (mais seulement se faire élire).

31

Pourquoi voter quand, pour l'essentiel, les rouages de nos sociétés ne dépendent d'aucun vote ? Voter, c'est nier que le pouvoir est ailleurs. Les monarques démocratiques ont fait allégeance à des structures supranationales. Quand le peuple refuse par le vote une constitution européenne, on la lui impose par le haut. Quand, en Grèce, il élit un réformateur, on le force à rentrer dans le rang. Le vote est devenu l'opium du peuple. Il n'a plus aucune puissance transformative. Le pouvoir est hors de sa juridiction.

32

Quand un président déclare une guerre, il le fait au nom de ses électeurs, mais avec le financement de tous ses concitoyens payeur d'impôts. Ne pas voter n'est qu'un premier pas. Ne pas payer ses impôts devrait être l'étape suivante, sauf que le président a le monopole de la violence. Nous sommes pris au piège. « Je suis complice des abominations que je réprouve. »

33

Voter n'est concevable que pour plébisciter une nouveauté radicale. Voter est donc impossible puisque le système électif favorise le conservatisme.

34

Voter serait la seule manière d'avancer vers la démocratie d'après. Oui, à une seule condition : qu'une force nouvelle, non formatée par le système et ses vieilles idéologies, gagne le pouvoir en un rien de temps, c'est-à-dire le prenne par surprise en une seule élection. Sinon la force de l'habitude ne peut que la corrompre.

35

Ne pas voter est un privilège démocratique. Forcer le vote n'est concevable qu'en prenant en compte le vote blanc et en lui donnant le poids d'invalider un scrutin. À ce moment, une constituante devrait se former pour sortir de l'impasse.

36

Voter pour une constituante serait une aberration. Elle enfermerait alors en elle-même les germes du système électif. Une constituante digne de ce nom ne peut qu'être ouverte à toutes les bonnes volontés. Elle doit être innombrable pour que sa structure soit assez complexe pour en interdire le contrôle (et, dans ce cas, elle enferme les germes de l'auto-organisation). Il n'existe pas de système politique idéal. Nous devons nous tendre vers le moins pire.

37

Voter pour quelqu'un qui promet de mettre en place une constituante paraît aussi incertain que de voter pour ses membres. La constituante doit s'imposer comme une réponse à un état de crise, par exemple à un taux d'abstention exceptionnel.

38

« Voter pour » n'aurait de sens que si dans le même temps on avait la possibilité de « voter contre » et de déduire sa voix de celles du candidat qui nous paraît le plus ignoble.

39

Le droit de vote est un susucre pour nous tenir tranquilles, voilà pourquoi il a d'abord été accordé aux hommes, parce qu'ils sont plus belliqueux que les femmes.

40

Après chaque élection, les perdants accusent les abstentionnistes parce qu'ils sont leurs véritables adversaires. Ne pas voter, c'est rejoindre la contestation. Ce n'est plus vouloir repenser notre statut d'esclave, mais vouloir abolir l'esclavage.

41

Si le vote était efficace, les industriels l'auraient depuis longtemps instauré dans leurs entreprises (ils ont choisi l'impérialisme, qui n'est pas mieux).

42

Voter, c'est demander à d'autres d'agir à notre place. C'est se déresponsabiliser.

43

« Mieux vaut s'engager que ne rien faire. » Parce que voter c'est s'engager ? « Mieux vaut donner son avis. » Ne pas voter n'est-ce pas donner son avis ? Le message paraît clair, non ? Y'en a marre !

44

Ne pas voter, c'est avertir avant la catastrophe, tirer la sonnette d'alarme, crier « Quel que soit le candidat élu ce sera la merde. » Et si c'est effectivement la merde, ne nous accusez pas de ne pas avoir voté. Il n'y a pas d'issue dans un modèle désuet.

45

Ne pas voter est la seule chose à faire quand plus personne n'est capable de nous donner une bonne raison de voter.

46

Voter, c'est valider la gabegie électorale. Cet argent utilisé pour le financement des campagnes aurait mieux servi à soutenir les plus démunis. Le budget d'une campagne devrait être nul. Le financement devrait se limiter aux bonnes volontés.

47

Pourquoi les enfants n'ont-ils pas le droit de vote ? Ne font-ils pas partie de la société ? N'invoquez pas leur irresponsabilité, beaucoup d'irresponsables votent. Le droit de vote devrait être accordé après un QCM réussi sur l'élection. En attendant, un enfant de dix ans ne vote pas, un assassin de trente, oui.

48

« Vous pouvez au moins voter contre. » Mais que faire quand on est contre tous les choix proposés ? Entre la peste et le choléra, mieux vaut s'abstenir.

49

Ne pas voter serait faire le jeu du parti adverse à ses idées. Comment faire quand nous n'avons que des adversaires politiques ? Dans ce cas, le moins pire n'existe pas.

50

Voter contre le pouvoir en place, c'est se préparer au pire. C'est le système qui va de mal en pire, pas les hommes ou les femmes qu'on place à sa tête. Voter, c'est se préparer à la désillusion.

51

Ne pas voter, c'est exiger plus de droits et non pas renoncer au droit de vote.

52

« Votez pour changer. » Depuis quand une élection a-t-elle changé quoi que ce soit ? On bascule de gauche à droite régulièrement. Est-ce que les choses s'améliorent du côté de l'économie, de l'écologie, de l'harmonie, du bonheur ? Nous vivons une crise systémique induite par la représentativité contre laquelle le vote semble malheureusement impuissant.

53

Voter, c'est souvent vouloir changer la société avant de se changer soi-même, c'est même souvent une excuse pour ne pas le faire.

54

Voter ne nous approche pas de l'insurrection citoyenne, même si une campagne électorale peut être mise à profit pour populariser l'insurrection. L'insurrection se joue à chaque seconde de nos vies.

55

Plus le nombre des abstentionnistes grossira, plus le régime représentatif sera instable, car il aura face à lui une foule, d'autant plus prête à combattre ses mesures qu'elle ne l'aura jamais cautionné. « Je n'ai pas voté pour votre guerre. » Bientôt, la majorité sera en dehors.

56

Ne pas voter reviendrait à se taire pendant des années. Voter est-ce donc avoir droit à la parole ? Les élus ont la parole, pas vous. C'est quand on a voté pour le vainqueur qu'on doit se taire. S'il nous déçoit, c'est un peu par notre faute. Se mouiller à tout prix n'est pas acte de sagesse.

57

La démocratie internet n'existe pas. Instaurer le vote électronique ne changerait rien. La société des réseaux par son horizontalité est étrangère à l'idée de représentation. Voter, c'est refuser l'avènement de cette société.

58

Celui qui se revendique abstentionniste attire souvent la haine des votants, une haine immodérée. On le traite de tous les noms d'oiseaux, il serait le premier responsable de la montée en puissance des extrémismes. Cette réaction épidermique révèle la faiblesse contemporaine de la démocratie. À force de cesser de se tendre vers l'avenir, elle se replie sur elle-même, reconnaissant déjà sa propre décadence et donc encourageant les extrémismes jusqu'à ce qu'ils deviennent majoritaires.

59

Quand la démocratie met en position de gouverner des extrémistes, c'est signe qu'elle est malade, qu'elle doit être repensée. Voter contre l'extrémiste (et pour quelqu'un qui vaut à peine mieux que lui par son ambition dévorante de gagner le pouvoir), c'est retarder le moment de la remise en question, faire qu'elle soit plus douloureuse à la prochaine échéance. Il faut crever l'abcès. Mieux vaut que le barrage s'effondre avant que trop d'eau ne se soit accumulée derrière lui.

60

De tout son poids, l'abstention marque en creux les régimes représentatifs. C'est un geste fort, subversif, digne d'un citoyen libre. Il ne faut pas en avoir honte, et bien au contraire le revendiquer quand on aime la démocratie.

61

Une constitution démocratique devrait offrir au peuple la possibilité de sa propre révision, lors de son expiration fixée dans le temps, ou avant cette échéance, lors d'un évènement tel qu'un nombre de votes blancs excessifs. Le peuple a été dépossédé du droit de remettre en cause les modalités politiques qui le régissent. Dans ces conditions, voter, c'est reconnaître l'impossibilité du changement. Le régime représentatif n'accepte que le changement des représentants.

Critique de la représentation

62

« Si les membres du gouvernement se considèrent comme les représentants non plus des contribuables, mais des bénéficiaires de traitements, appointements, subventions, allocations et autres avantages tirés des ressources publiques, c'en est fait de la démocratie. » Ludwig von Mises

63

Si on ne vote pas, comment désigne-t-on les représentants ? Leur nécessité est un autre postulat, que les représentants eux-mêmes et ceux qui aspirent à l'être, ou à bénéficier de leurs faveurs, ne contestent pas.

64

Voter revient à désigner ceux parmi nous qui doivent prendre des décisions. La nécessité des décisionnaires est un autre postulat. Les décisions peuvent émerger d'elles-mêmes au fur et à mesure que des expérimentations prouvent leur pertinence et entérinent des pratiques. Toute l'histoire « initiale » d'internet est une démonstration de cette technique décisionnaire collective. Elle est efficace, résiliente, rapide. On n'a besoin de chefs que pour déclarer des guerres.

65

Voter n'est pas un devoir, mais une incitation au ralliement. Un homme ou une femme libre ne se rallie à personne. Il coopère.

66

Les grands hommes et les grandes femmes d'aujourd'hui ont renoncé à la prétention d'en imposer aux autres. Ils ne se veulent pas au-dessus d'eux mais à côté d'eux. L'idée même de représenter les choque. L'égalité implique une égalité des devoirs et des responsabilités.

67

Le vote est apparu comme une amélioration du monarchisme. Pourquoi devrions-nous refuser de passer au-delà ? D'envisager une démocratie dépourvue de petits monarques ?

68

Voter, c'est donner la victoire au plus monarchiste des candidats (celui qui a le parti le plus puissant, le plus d'argent, le plus de couvertures média... et surtout qui ment le mieux).

69

Quand vous votez non lors d'un référendum, on ignore votre choix et on fait comme si vous aviez dit oui. C'est vrai, vous êtes trop bêtes pour avoir un avis sérieux sur des questions difficiles. Choisissez des candidats, mais surtout ne pensez pas (référence au référendum européen de 2005 en France et au vote contre l'austérité en Grèce en 2015).

70

Personne ne gagne une élection importante sans parti. Voter, c'est admettre la nécessité des partis, c'est-à-dire celles des armées structurées. Le vote intègre un modèle hiérarchique de la société.

71

Seuls les candidats accrédités par les élus en place peuvent se présenter à une présidentielle française (et il existe une forme d'accréditation partisane pour les autres élections, *cf supra*). Le système se cultive lui-même, interdisant le foisonnement des alternatives qui pourraient le contester. Cette consanguinité ne contente que les militants des partis dominants, ceux qui s'expriment encore dans le jeu aux règles désuètes. Les premiers tours ne sont que des simulacres de pluralité, sinon ils devraient être ouverts à tous, sans condition.

72

Dans un système non proportionnel, la volonté de toujours aboutir à une majorité absolue conduit presque mécaniquement au bipartisme. Rapide démonstration : si on avait dix candidats de poids électoral équivalent, si on choisissait simplement celui avec le meilleur score, 15 % des suffrages par exemple, on aurait en gros 85 % d'électeurs déçus. Avec deux partis dominants, le nombre de déçus tombe à 49 % environ. Le bipartisme est une réponse mécanique pour réduire la déception (d'où généralement le faible écart entre le sortant et son adversaire).

73

Le bipartisme étant une nécessité logique, le tripartisme cache toujours un bipartisme idéologique. Il est signe qu'une famille politique se déchire autour des personnes plus que de ses idées.

74

Le bipartisme entraîne une professionnalisation de la politique, c'est-à-dire l'apparition d'une classe d'apparatchiks qui se répartissent le pouvoir. Cette classe des apparatchiks est d'autant plus puissante que le cumul des mandats est autorisé et qu'il est possible de se représenter quasi indéfiniment à la plupart des élections. Dans ce contexte, voter revient à donner sa voix à un apparatchik. On ne peut pas attendre de lui qu'il réforme le système et scie la branche sur laquelle il est assis. Notons que le non-cumul des mandats n'empêchera pas leur cumul par les partis qui, eux-mêmes, ne seront pas forcés de renouveler leur structure à chaque élection. Le non-cumul n'a de sens qu'accompagné d'une réelle pluralité.

75

Les deux partis dominants, et leurs avatars, se partagent équitablement les postes et les salaires qui les dotent. Quelles que soient leurs oppositions, ils ne peuvent qu'être en connivence pour maintenir en l'état la règle du jeu.

76

Se faire élire, c'est comme vendre un bon produit. Le même décorum est mis à l'œuvre, avec force campagne publicitaire, affiches, spots TV, community manager et slogans commerciaux. L'élection a fait entrer la politique dans la marchandisation.

77

Voter, c'est entretenir le clientélisme. Les élus ont une dette vis-à-vis de leurs électeurs et des entreprises qu'ils dirigent. Notez que les hommes d'affaires se présentent assez rarement, non parce qu'ils n'aiment pas le pouvoir politique mais plutôt parce qu'ils préfèrent le déléguer (Trump fera-t-il école ?).

78

Pourquoi une société démocratique devrait-elle se structurer comme la société monarchiste, avec ses multiples niveaux de pouvoir ? Voter pour des représentants, c'est reconnaître leur nécessité. On peut désormais imaginer une société avec un pouvoir distribué, horizontal, détenu par personne en particulier, un non-pouvoir, un cinquième pouvoir.

79

Thomas Hobbes a théorisé la hiérarchisation de la société. Livré à lui-même l'homme ne serait bon à rien. Il doit être encadré. Les chefs seraient nécessaires, comme si eux-mêmes n'étaient pas des hommes livrés à eux-mêmes. En quoi un élu est-il plus responsable qu'un simple électeur ? En rien, comme les affaires de corruptions et les abus de pouvoir le démontrent sans cesse. Être élu, passer avec succès l'épreuve de l'élection, ne confère aucune sagesse. Ce n'est pas un rite initiatique.

80

Une fois un candidat élu, son incompétence s'impose à tout un peuple. Sa folie se généralise. Son orgueil provoque la guerre.

81

Il existe si peu de place dans la hiérarchie que les candidats sont prêts à s'entretuer pour acquérir des positions. Voter, c'est participer à leur lutte, sans y gagner quoi que ce soit, sinon à maintenir un état de violence.

82

Voter pour des gens qui écriront les lois qui définiront les règles selon lesquelles ils exerceront le pouvoir est une aberration. Ne dit-on pas qu'on ne peut être juge et partie ?

83

Voter pour un représentant en chef, c'est accepter la société de la rareté (rareté de la représentation, du travail, de l'argent, de l'énergie, de la culture...), c'est-à-dire le modèle capitaliste où certains privilégiés nous concèdent contre paiement des ressources par ailleurs abondantes (l'eau, l'énergie solaire, les idées, la culture, l'argent, l'information...).

84

Voter, c'est donner le droit à quelques individus d'être plus visibles que d'autres, c'est les autoriser à s'accaparer notre temps de cerveau. Ainsi sous leur influence, nous votons encore pour eux ou pour leurs successeurs désignés. Le système s'entretient lui-même. Il nous empêche d'envisager d'autres possibilités.

85

Le jeu électif est une forme onéreuse de tirage au sort qui se prête à la corruption. Parfois nous pouvons avoir de la chance, le plus souvent c'est la déception.

86

On ne vote pas dans les entreprises pour désigner les managers. Dans ces structures relativement simples, d'autant plus qu'elles sont en général hiérarchisées, on assiste à des prises de pouvoir perpétuelles, exactement comme cela se passait dans les sociétés prédémocratiques. Le vote s'est imposé à l'échelle des villes, des régions et des pays pour éviter que ce jeu ne devienne sanglant en prenant de l'ampleur. N'est-ce pas plutôt la volonté de puissance de certains individus qui doit être questionnée ? Le vote ne fait que leur donner raison de manière apparemment pacifique. Voter, c'est offrir le pouvoir à des sanguinaires potentiels.

87

Pourquoi la plupart des partis ressemblent à des entreprises plutôt qu'à des démocraties ? Les militants ne croient-ils pas aux vertus de la démocratie ? Faut-il vraiment voter pour l'un des leurs puisqu'ils ne fonctionnent pas eux-mêmes de manière démocratique ?

88

Le système, c'est-à-dire l'ensemble des habitudes et des lois qui nous régissent, a beaucoup d'inertie et une terrible prégnance. Celui qui se retrouve à sa tête finit par ressembler à ceux qui l'y ont précédé. Le changement ne peut pas venir de nos élus.

89

Voter revient en général à plébisciter des hommes et des femmes plutôt âgés, non pas ceux qui sont les plus sages, mais ceux qui ont fini par maîtriser les rouages électifs.

90

On peut rêver qu'un candidat, une fois élu, réussisse à transformer le système de l'intérieur. Cet espoir improbable est-il une raison suffisante pour voter et perpétuer le système ?

91

Après chaque élection, la déception nous attend. On se dit alors que les candidats qui auraient apporté un réel changement n'ont pas été élus. Oui, sans doute, mais pourquoi ne l'ont-ils pas été ? Parce que le vote est toujours conservateur. Voter, c'est être réac, c'est entériner un système devenu délétère.

92

Pour gagner une élection, il faut faire des promesses intenables ou démagogiques ou dangereuses. Voter, c'est encourager cette attitude, c'est se prendre à rêver le temps d'une campagne électorale. Ceux qui disent la vérité ne sont jamais élus. Et ceux qui sont élus n'arrivent jamais à mettre en application leurs promesses. Voter revient à donner à des gens l'occasion de nous mettre en danger.

93

Si quelqu'un se présente, c'est qu'il aspire au pouvoir. Raison de plus pour l'en éloigner.

94

Voter, c'est remplacer un chef par un autre. Beau projet. Comme si le jeu des chaises musicales avait une vertu régénératrice. Ce serait peut-être le cas si on changeait aussi le tableau de bord installé devant les chaises. Mais personne ne nous demande notre avis à ce sujet lors d'une élection.

95

Lorsqu'un candidat nous séduit, nous devrions nous méfier. Mieux vaut ne pas voter pour lui et le précipiter au casse-pipe, nos espoirs avec. Nous n'avons pas à confier les commandes de notre société aux personnes qui nous plaisent le plus.

96

Voter, c'est vouloir que le spectacle politique continue. Une élection n'est qu'un jeu radiodiffusé, télévisé, internetisé...

97

Voter pour un candidat en étant en désaccord majeur sur certains points avec lui, c'est se compromettre.

98

Voter contre un candidat sous prétexte de désaccords majeurs implique de voter pour un autre, ce qui n'est pas obligatoirement envisageable (*cf supra*).

99

Dans un système non proportionnel, voter revient à accepter les compromissions des seconds ou troisièmes tours.

100

Voter, c'est se reconnaître dans une incarnation de la politique. C'est un peu mystique comme attitude, voire déiste.

101

Comment voter pour des candidats qui refusent de débattre entre eux, et je dis bien débattre, pas répondre tour à tour aux questions des journalistes ? Un électeur est un patron qui doit souvent embaucher ses employés sans leur faire passer d'entretien.

102

Se présenter, c'est faire preuve d'une prétention alarmante. Il existe toujours des gens pour vouloir en imposer aux autres. Impossible de les croire quand ils prétendent qu'ils veulent nous servir. Quelqu'un qui veut se donner aux autres ne se bat pas avec acharnement pour atteindre une position.

103

Celui qui arrive au pouvoir se retrouve altéré par lui. Il voit ses faiblesses amplifiées autant que ses qualités. Or la principale qualité des élus est de savoir se faire élire. Notre seule manière de nous en sortir : gouverner tous ensemble pour que les forces des uns compensent les faiblesses des autres. On appelle ça, l'intelligence collective.

104

En quoi gagner une élection prédispose à gérer la vie de la cité ? À quoi donc peut nous être utile cette compétence dans le domaine de l'économie, de la culture, de l'éducation... ? En rien. Voter, c'est toujours choisir le mauvais candidat, celui apte à se faire élire sans démontrer la moindre compétence dans la plupart des domaines vitaux.

105

Le mal est dans la forme actuelle de la démocratie, non pas dans tel ou tel candidat.

106

Nous sommes des millions et nous n'avons que le choix entre une dizaine de candidats. Nos autres concitoyens sont-ils indignes de se présenter ? Les élections nient la pluralité.

107

On devrait pouvoir voter pour des gens qui ne se présentent pas. Eux seuls ont une chance de ne pas nous décevoir, parce qu'ils n'ont pas la prétention de croire qu'ils peuvent nous aider.

Repenser la démocratie

108

Le vote n'est pas une mauvaise chose, il a simplement fait son temps dans l'histoire de la démocratie, exactement comme le tirage au sort en Athènes (qui évite certains problèmes inhérents au vote, mais pas ceux, les plus nombreux, inhérents à la représentation). Désormais, nous pouvons voter continûment, c'est-à-dire participer.

109

Les candidats usent des technologies les plus modernes pour se faire élire, puis, une fois au pouvoir, ils les utilisent pour nous surveiller et nous contrôler. Pourquoi n'utilisons-nous pas ces technologies pour gouverner ensemble ?

110

Nous disposons des outils technologiques et théoriques pour créer des assemblées législatives et exécutives ouvertes à tous. Voter, c'est nier cette possibilité de légiférer de manière démocratique sans pour autant passer par des élections.

111

Tout est fait pour empêcher l'émergence d'une force novatrice. À notre époque d'interdépendance massive, cette force se structure en réseau plutôt qu'en parti, ce qui ne la prédispose pas à emporter une élection. Elle répugne à désigner des représentants. Elle ne peut donc qu'être tenue à l'écart du jeu représentatif, en attendant qu'il se délite. Ne pas voter, c'est tendre vers ce moment, le souhaiter, s'y préparer.

112

L'avenir d'un système complexe est imprévisible, or tous les candidats expliquent les mesures qu'ils prendront pour réformer ce système et l'amener à changer d'état. Ils nous mentent, car ils ne peuvent savoir à quels résultats aboutiront leurs mesures. Soit ils sont naïfs, soit ils se fichent de nous et ne souhaitent pas un changement d'état, mais juste prendre le pouvoir. Et il faudrait voter pour eux ?

113

Ne pas voter, c'est refuser les plans qui nous annoncent un avenir meilleur. L'avenir ne se prévoit pas, il se construit au jour le jour. Nous avons besoin de méthodes pour travailler ensemble, pas de promesses ou de projections. Or les candidats ne parlent jamais de méthodes et seulement de leurs décisions futures. Ils préfèrent l'action autoritaire et moralisatrice à l'éthique, pourtant nous avons surtout besoin d'un art de vivre ensemble.

114

Voter pour un représentant n'a de sens que si ce représentant peut exercer une forme de contrôle sur le système. Quand la complexité du système est trop grande, ce qui est le cas pour une nation contemporaine, une région, une capitale, le représentant n'est plus qu'un guignol.

115

Un système complexe ne peut être contrôlé que par chacun des agents qui le composent. La complexité implique une réforme en profondeur de la démocratie. Pour commencer de renoncer aux guignols.

116

Nous n'avons pas besoin de tribuns, mais de nous donner la main. Nous n'avons pas besoin de discrimination, ce que produit une élection, mais de fraternité.

117

Voter, c'est croire en l'homme, plus souvent qu'en la femme, providentiel. C'est lui signer un chèque en blanc. Malheureusement, dans une société complexe, il n'y a plus de place pour des héros réformateurs. Nous sommes tous ensemble la seule force capable de réformes.

118

Voter, c'est croire qu'il existe des solutions miracles (et pire : croire que des illuminés les connaissent).

119

Dans un temps de complexité, le réalisme politique exige de prôner l'expérimentation. Un élu qui sait est un élu dangereux.

120

Peu importe qui est élu, il devient un centre autour duquel tourne la société ce qui nous éloigne de l'expérimentation décentralisée comme réponse à la complexification. Voter, c'est centraliser. Voter, c'est retarder l'avènement de la société de demain.

121

Voter, c'est donner son assentiment à des programmes pensés par d'autres, comme si nous étions nous-mêmes incapables de penser.

122

Du fait même de la complexité sociale, nous ne pouvons pas être d'accord sur tout avec quelqu'un d'autre, et c'est une chance. Voter, c'est mettre aux commandes quelqu'un avec qui nous avons des divergences. Nous ferions mieux d'expérimenter ensemble et ainsi de dépasser nos contradictions.

123

Quand on refuse l'idée même de gouverner, on n'a pas besoin de se faire élire, pas besoin de parti, pas besoin de vote... On peut changer la société de l'intérieur, à son échelle.

124

Ne pas voter, c'est résister. Mais résister n'est pas suffisant. Il est temps de construire autre chose, autrement. Ou alors il ne nous reste plus qu'à nous réfugier dans notre jardin en faisant le dos rond. Attitude impossible dans un monde globalisé.

NOTES

J'ai discuté des points liés à la complexité et à l'imprévisibilité dans de nombreux billets de mon blog et surtout dans *Le peuple des connecteurs* et dans *Le cinquième pouvoir*. Ce texte peut être lu comme une suite de *Ya Basta*.

Texte imprimé le 29 janvier 2017.